RAPPORT

SUR

L'OUVRAGE DE M. HUMBERT,

PRÉSENTÉ A LA SOCIÉTÉ DE MÉDECINE DE LYON,

PAR

LE DOCTEUR PRAVAZ,

LE 22 JANVIER 1838.

LYON,

IMPRIMERIE DE BARRET, PLACE DES TERREAUX, 20.

M. DCCC XXXVIII.

RAPPORT

SUR

L'OUVRAGE DE M. HUMBERT,

PRÉSENTÉ A LA SOCIÉTÉ DE MÉDECINE DE LYON,

PAR

Le docteur Pravaz,

LE 22 JANVIER 1838.

MESSIEURS,

Vous m'avez chargé de vous rendre compte d'un ouvrage portant le titre d'*Essai* ou *Observations sur la manière de réduire les luxations spontanées ou symptomatiques de l'articulation ilio-fémorale*, dont il a été fait hommage à la Société de Médecine de Lyon , par MM. Humbert et Jacquier (1).

---

(1) Je ne me proposais point de donner à ce rapport d'autre publicité

Lorsque j'ai accepté cette tâche, j'étais loin de prévoir jusqu'à quel point elle pouvait devenir délicate pour moi ; je pensais n'avoir qu'à confirmer, par des développements plus étendus, l'adhésion positive et formelle que j'avais donnée naguère dans cette enceinte à la plupart des assertions contenues dans un travail remarquable sous beaucoup de rapports, et qui a obtenu l'attention de l'Académie des sciences. Une circonstance fortuite, inattendue, est venue changer mes convictions, modifier la valeur de certains faits qui avaient servi de base aux énoncés théoriques de M. Humbert, et jeter une vive lumière sur quelques points très obscurs du traitement des claudications originelles ou consécutives. L'exposé des observations nouvelles que le hasard est venu me présenter, et dont je pouvais seul peut-être déterminer le véritable caractère, parce que seul je possédais des éléments indispensables de comparaison, précédera utilement l'examen détaillé, approfondi de l'ouvrage de MM. Humbert et Jacquier. Je demande à la So-

que celle qu'il a reçue par la lecture que j'en ai faite devant la Société de médecine de Lyon ; un *factum* récent de M. Humbert, conçu dans des termes fort peu académiques, m'oblige à le produire, comme la réponse la plus péremptoire que je puisse faire aux suppositions injurieuses qu'il dirige contre moi. Les médecins verront par l'exposé des circonstances qui m'ont éclairé tardivement sur la valeur des résultats contenus dans l'ouvrage de M. Humbert, si c'est par envie et par cupidité que je lui conteste la réalité des guérisons qu'il prétend avoir faites. Chargé par une Société savante de lui rendre compte d'un ouvrage qui lui était adressé, pouvais-je me taire sur les erreurs qu'il renferme et cacher la vérité sous le boisseau, dans l'intérêt seul de M. Humbert ? Si ce médecin n'était pas égaré par un amour-propre excessif ou par des conseils imprudents, il me saurait gré des ménagements que j'ai gardés envers lui dans cette circonstance, et de la justice que j'ai rendue à ses essais, au lieu de provoquer des débats qui ne peuvent que mettre dans un plus grand jour la méprise dont j'aime à croire qu'il a été la première dupe.

ciété la permission d'entrer à cet égard dans quelques détails , pour lesquels je réclame son attention.

Dans le courant du mois de novembre dernier , une
jeune fille , appartenant à une famille distinguée qui ha-
bite Lyon , fut ramenée de l'établissement de M. Humbert,
guérie , disait-on , d'une luxation congénitale du fémur.
Animé d'un sentiment de reconnaissance , d'autant plus
louable qu'il est assez rare , le père de l'enfant convoqua
aussitôt chez lui plusieurs praticiens distingués de cette
ville, pour leur faire connaître une cure aussi belle, qui devait accroître la réputation de M. Humbert. Le résultat de
l'examen , assez superficiel d'ailleurs , auquel ces Messieurs
se livrèrent , ne répondit point à l'attente de M. ***. La
jeune fille fut trouvée dans un état peu satisfaisant : elle
ne pouvait marcher qu'avec des béquilles , et la claudication existait encore à un degré très prononcé. La différence
que ce cas présentait avec ceux que j'ai eu l'honneur de
vous communiquer , différence qui ne fut point dissimulée
à M. *** , éveilla sa sollicitude paternelle ; il voulut avoir
mon avis , et je fus invité par lui à venir examiner sa fille.
J'avais été déjà consulté , il y a deux ans , pour cette enfant, chez laquelle j'avais reconnu tous les symptômes d'une
luxation congénitale du fémur. C'est d'après mon conseil
qu'on s'était déterminé à la soumettre à un traitement orthopédique ; mais comme je n'avais pu en garantir le succès, qui est toujours incertain , à mon avis , par des raisons
que je déduirai plus tard , on l'avait confiée , comme il ar-
rive ordinairement , à un médecin moins circonspect dans
son pronostic et plus encourageant dans ses promesses.
Voici les particularités que je reconnus à la première inspec-
tion dans l'état de Mlle ***. Elle portait une sorte de cuirasse composée de lames d'acier et de baleine qui embras-
sait à la fois le thorax, l'abdomen et le bassin ; la constric-

tion produite par cet appareil destiné à contenir la tête du fémur dans la position où elle avait été placée, exerçait une fâcheuse influence sur les fonctions digestives, et les parents de l'enfant désiraient vivement qu'elle en fût délivrée. On ne lui permettait de marcher sans béquilles que trois fois par semaine et seulement pendant cinq minutes. Lorsqu'elle est ainsi abandonnée à elle-même, on remarque une claudication très prononcée, et la progression ne tarde pas à devenir fatigante. En la faisant coucher en supination sur un plan horizontal, on trouve que les malléoles se placent sur une ligne à peu près perpendiculaire à l'axe du corps ; mais il n'en est pas de même des épines antérieures et supérieures des os des îles : celle du côté luxé est située beaucoup plus bas que l'autre et dans un plan plus antérieur, de telle sorte que le bassin paraît avoir éprouvé de ce côté un mouvement combiné d'inclinaison et de révolution. Les trochanters placés à la même hauteur n'ont pas des rapports semblables relativement à la crête de l'iléon, celui du côté malade s'en rapproche davantage ; il est aussi plus voisin de la ligne médiane du sacrum, et offre une saillie moins apparente. Les mouvements de flexion de la cuisse sur le bassin sont difficiles ; il en est de même du mouvement d'abduction, tandis que celui d'adduction offre au contraire beaucoup plus d'étendue du côté luxé ; la fesse est très aplatie et la pointe du pied tournée en dehors. Dans le décubitus en pronation, les épines antérieures et supérieures de l'os illiaque se placent sur une même ligne perpendiculaire à l'axe du corps ; mais alors les deux membres deviennent inégaux, celui qui était luxé paraît plus court. Cette brièveté relative est surtout manifeste dans la station debout pendant laquelle on voit l'épine s'incliner pour suivre le déversement du bassin. Malgré le défaut de symétrie qui existe encore entre les deux hanches, la claudication

est moins profonde qu'avant le traitement; le membre qui
était atrophié s'est considérablement développé; en le re-
foulant de bas en haut, on ne sent plus son extrémité supérieure remonter le long de la surface externe de l'iléon.

D'après la plupart de ces circonstances, il m'était im-
possible d'admettre que la tête du fémur eût été ramenée
dans la véritable cavité articulaire; cependant on ne pouvait méconnaître qu'une transformation quelconque avait
eu lieu dans la disposition relative des parties, et que la
locomotion en était devenue plus facile; mais quel pouvait
être ce changement qui avait fait illusion à M. Humbert et
à d'autres médecins? Pour m'aider à éclairer cette question
assez obscure, j'eus recours aux lumières réunies de
MM. Richard de Nancy, Nichet et Joffre (1). Le premier

(1) C'est à M. Joffre que M. Humbert a adressé sa virulente philippique,
dans laquelle il le présente comme un séide dévoué à mes intérêts. Or,
voici l'origine des relations que j'ai eues avec cet honorable confrère, à
qui M. Humbert ne pardonne point d'avoir révoqué en doute ses titres à
l'immortalité.

En 1837, M. Joffre avait publié dans le *Journal des Connaissances
médico-chirurgicales*, un long article par lequel il contestait la possibilité
de réduire les luxations anciennes, et où il s'élevait contre mes prétentions
à cet égard autant que contre celles de M. Humbert. Conséquent à ses
convictions, il s'était opposé à ce qu'une de ses jeunes clientes, affectée
d'une luxation congénitale du fémur, fût confiée à mes soins dont il n'es-
pérait aucun résultat favorable. Cette enfant ayant été guérie contre son
attente, force lui a été de modifier ses opinions en ce qu'elles avaient de
trop absolu; mais il a pu les maintenir sans beaucoup de rapports, c'est
ainsi qu'il a continué de nier la possibilité de réduire en 25 minutes,
comme M. Humbert assure l'avoir fait, les luxations congénitales du fémur.
Il était d'autant mieux fondé en ce point que, malgré le démenti de
M. Humbert, il a réellement assisté à l'un des examens que j'ai faits avec
M. Nichet de l'état de Mlle ***. On conçoit que je devais attacher de
l'importance à offrir des termes de comparaison à un médecin éclairé, qui
avait confondu dans la même négation mes résultats et ceux de M. Humbert,

de ces honorables confrères avait conjecturé *à priori* que la tête du fémur avait pu être portée dans l'échancrure sacro-sciatique, au-dessous du muscle pyramidal ; un examen approfondi de la conformation de l'enfant nous conduisit à admettre cette opinion qui satisfait à toutes les circonstances qui ont accompagné les manœuvres de M. Humbert, soit pendant, soit après l'opération qui a modifié l'état primitif. En effet, par elle on s'explique sans peine comment la tête de l'os, sollicitée de haut en bas et pressée d'avant en arrière tangentiellement à la surface de l'iléon, a pu être ramenée, en moins de vingt-cinq minutes, dans une cavité où elle pénètre avec bruit ; car le trajet qu'elle a dû parcourir pour venir se loger ainsi sous le rebord de l'échancrure sacro-sciatique, est à peine de quelques lignes dans le sens de la résistance des muscles fessiers et adducteurs. Il n'est pas moins facile de se rendre compte de la position du trochanter et de sa dépression, de la fixité de la tête de l'os, des douleurs que l'enfant éprouve, lorsqu'on serre fortement le bassin par une ceinture ; ces douleurs, qui se propagent le long du côté externe de la cuisse et de la jambe jusqu'à la malléole, sont manifestement le résultat de la

afin que son témoignage qui ne pouvait être suspect servît à distinguer ce que nos idées théoriques et notre pratique offraient de dissemblable ; c'est donc sur mon invitation que M. Joffre se rendit à Lyon, pour y voir en même temps sa cliente dont la luxation venait d'être réduite, et Mlle ***. Je regrette que les expressions trop flatteuses dont il s'est servi à mon égard, et que je ne dois qu'à son extrême politesse, lui aient mérité la disgrâce de M. Humbert ; mais il pourra s'en consoler par la conscience de n'avoir été inspiré dans ses jugements, fondés ou non, par aucun sentiment de haine ou d'amitié, *nec irâ nec studio ;* car il ne me connaissait pas plus que M. Humbert, lorsqu'il s'est occupé pour la première fois du traitement des luxations anciennes.

compression du nerf sciatique (1) ; elles amèneraient la paralysie du membre si, par une détermination instinctive, le sujet n'inclinait fortement le bassin pour éloigner le fémur du point où le nerf s'appuie sur l'échancrure sciatique ; d'un autre côté, cette inclinaison, en plaçant les malléoles à la même hauteur, devait contribuer à masquer la véritable situation relative des parties réciproques de l'articulation ; elle est une des causes principales de l'erreur dans laquelle M. Humbert est tombé. Ce médecin ne pouvait toutefois méconnaître l'irrégularité que la hanche conserve après le traitement auquel il soumet ses malades, non plus que le défaut de liberté qui existe encore dans les mouvements de l'articulation ; mais il a cherché à s'expliquer ces anomalies par un arrêt de développement du bassin. Il est facile aujourd'hui de renverser cette interprétation qui m'a paru long-temps spécieuse, alors que je manquais de données positives sur l'état réel des sujets traités par M. Humbert, et que je ne pouvais le comparer à ceux que j'ai réussi à guérir d'une claudication originelle. En effet, outre que j'ai constaté par des mesures précises que la même distance existe, à très peu près, de côté et d'autre, entre les épines antérieures et supérieures de l'iléon, et les

---

(1) M. Humbert croit avoir trouvé une réponse triomphante à la distinction établie par M. Joffre entre ses résultats et les miens, en remarquant que si la douleur est un signe de véritable réduction, dans les cas que je rapporte, le même symptôme doit établir une présomption semblable pour ceux qu'il produit. Malheureusement pour cette argumentation, la sensation accusée par les sujets diffère essentiellement dans l'une et l'autre circonstance. Chez les malades traités par M. Humbert, elle a le caractère d'une véritable névralgie : elle se propage le long du membre et persiste pendant plusieurs semaines ; chez ceux que j'ai guéris, la douleur est simplement contusive, bornée à la région de la hanche, et disparaît au bout de quelques jours.

tubérosités sciatiques correspondantes, et que par conséquent le bassin présente une forme symétrique, on verra bientôt, dans le cours de ce rapport, que l'observation anatomique et des expériences directes pour vérifier l'hypothèse à laquelle je m'étais arrêté ne permettent aucun doute sur sa réalité.

L'histoire du onzième cas de guérison rapportée par M. Humbert dans son ouvrage avait déjà fait naître, il y a quelques années, dans mon esprit, des doutes sur la véritable nature des faits qu'il présentait comme des exemples de réduction de luxations anciennes du fémur; mais n'ayant pas le sujet sous les yeux, je m'étais trompé en supposant que la tête de l'os avait été ramenée au-dessous de la cavité cotyloïde dans la fosse sous-pubienne; maintenant je trouve, entre ce fait et celui dont j'ai pu analyser rigoureusement toutes les circonstances, une analogie parfaite, et je n'hésite point à prononcer que dans l'un et l'autre cas on a substitué à une luxation en haut et en dehors un genre de déplacement qui a rarement lieu d'une manière accidentelle et qui, par cette raison, est très peu connu dans ses symptômes, savoir la luxation ischiatique (1).

Il était important de rechercher si les particularités de conformation, observées chez Mlle ***, se rencontraient aussi sur d'autres personnes sorties de l'Établisse-

(1) Le rédacteur de la *Gazette Médicale*, dont l'impartialité et le bon vouloir à mon égard sont suffisamment connus, a essayé d'infirmer l'opinion que j'ai émise sur la nature des résultats obtenus par M. Humbert, en rappelant cette première interprétation qu'une connaissance plus approfondie des faits m'oblige aujourd'hui de retirer. La conjecture que j'avais formée, bien qu'elle soit erronée au fond, prouve du moins que je n'admettais pas aveuglément toutes les assertions de M. Humbert, et que l'histoire de ses cures ne satisfaisait pas complètement ma raison.

ment de M. Humbert. Je conservais peu de doute à cet
égard, d'après la seule indication du mode de traitement
qui avait été mis en usage et de son résultat immédiat ;
car, pouvant désormais concilier le fait authentique d'un
amendement dans les facultés locomotives avec les notions
ordinaires de la physiologie, il m'était difficile d'admettre
que des muscles rétractés depuis long-temps ou originel-
lement trop courts eussent cédé sans douleur, comme
l'avance M. Humbert, pour permettre à la tête du fémur
de descendre de plusieurs pouces le long de l'iléon et
venir se placer dans la cavité cotyloïde. L'expérience de
ce qui se passe tous les jours dans la réduction des luxations accidentelles, et celle des difficultés que j'avais ren-
contrées dans le traitement des luxations congénitales que
je suis parvenu à guérir exerçaient maintenant sur mon esprit toute leur autorité. Cependant, puisque l'*expérience est
trompeuse* et *le jugement difficile*, je tenais à confirmer
par le témoignage de mes sens ce que la raison me faisait
déjà pressentir ; tel a été le but principal d'un voyage que
j'ai fait dernièrement à Paris, où j'ai trouvé tous les éléments qui pouvaient compléter ma conviction. M. le professeur Bérard a, sur ma demande, constaté chez une
jeune personne sortie depuis plusieurs années de l'Établissement de M. Humbert, la claudication, la difficulté
des mouvements d'abduction et le défaut de symétrie des
deux hanches que je lui avais signalés. MM. *Blandin*,
Martin et moi avons reconnu les mêmes particularités sur
un jeune garçon dont le traitement venait de se terminer.
Cet enfant n'ayant pas encore marché sans béquilles, et
son système musculaire étant fort développé, il était assez
difficile de s'apercevoir au premier examen, pendant le décubitus ou supination, du vice de conformation dont il était
encore affecté ; mais ayant mesuré les distances respectives,

des épines antérieures et supérieures de l'os des îles aux malléoles externes, nous avons constaté que celui de ces intervalles qui correspond au côté luxé est plus petit de 8 ou 9 lignes, les deux membres étant d'ailleurs d'une égale longueur (1).

(1) Une nouvelle occasion de vérifier l'hypothèse de M. Richard de Nancy sur les transformations de M. Humbert s'est présentée à moi, dans le courant de cet été. Mlle L....., de Salins, traitée à Morley pour une luxation congénitale du fémur, fut amenée il y a quelques mois par Madame sa mère, qui désirait que l'on substituât à l'espèce de cuirasse qu'elle continuait de porter un appareil moins fatigant. J'ai pu constater rigoureusement, avec l'assistance de M. Nichet, chirurgien en chef de l'hospice de la Charité, chez Mlle L..... les particularités de conformation qui avaient été reconnues dans le cas de Mlle ★★★. Les circonstances et les mesures que je vais rapporter suffiront à tout médecin qui connaît l'anatomie du bassin pour être convaincu que la tête du fémur n'a pas été amenée dans la cavité cotyloïde.

Après dix-huit ou vingt mois de traitement, Mlle L..... boîte à peu près comme devant. Dans le décubitus en supination, les membres inférieurs paraissent égaux; mais le bassin est fortement incliné du côté luxé. La distance de l'épine antérieure et supérieure de l'iléon à la malléole externe correspondante

égale {	Du côté non luxé,	27 pouces.
	Du côté luxé,	24 pouces 8 lignes.
	Différence,	2 pouces 4 lignes.

La distance de l'épine antérieure et supérieure de l'iléon au sommet du trochanter

égale {	Du côté non luxé,	4 pouces.
	Du côté luxé,	3 pouces 8 lignes.
	Différence,	0 pouces 4 lignes.

La distance du milieu du sacrum au trochanter

égale {	Du côté non luxé,	7 pouces.
	Du côté luxé,	5 pouces.
	Différence,	2 pouces.

Par un heureux hasard , M. le docteur Blandin , chef des travaux anatomiques de la Faculté de médecine de Paris , venait de rencontrer dans son amphithéâtre le bassin d'une vieille femme qui avait été affectée d'une double luxation congénitale des fémurs , dont je présenterai prochainement un exemplaire en cire à la Société ; cette pièce nous a servi à vérifier le mécanisme par lequel une luxation en haut et en dehors peut être convertie en celle qu'on a désignée sous le nom d'*ischiatique*. Si l'on porte le fémur dans l'adduction, et que l'on presse sur la tête de l'os de haut en bas et d'avant en arrière , elle glisse sur la face externe de l'iléon , franchit le rebord antérieur très peu saillant de l'échancrure sacro-sciatique , et vient tomber avec bruit dans le sinus que cette échancrure circonscrit. Cette manœuvre est tout-à-fait en rapport avec celle que sir *Astley Cooper* a indiquée pour la réduction des luxations du fémur qui se font en bas et en arrière : elle place les parties dans la même situation ; il n'y a de différence que dans la direction donnée aux efforts de l'opérateur qui , se proposant un but différent dans l'un et l'autre cas , attire à lui le membre , lorsqu'il veut dégager la tête du fémur de la

Les membres mesurés des trochanters aux malléoles externes présentent des longueurs absolues rigoureusement égales.

Si à ces coordonnées géométriques on ajoute la dépression profonde de la fesse , la difficulté du mouvement d'abduction , tandis que celui d'adduction dépasse de beaucoup ses limites ordinaires , et enfin si on a égard à la sensation douloureuse éprouvée dans le trajet du nerf sciatique pendant les premières semaines qui ont suivi l'opération , on ne pourra conserver la moindre incertitude sur le lieu que la tête du fémur est venue occuper. Ce lieu n'est autre que le sinus de l'échancrure sacro-sciatique ; et , malgré le témoignage du cruro-pelvimètre , ce complaisant et ingénieux instrument que M. Humbert oppose à ses malades , lorsqu'ils s'avisent de douter , Mme L..... a la triste conviction que sa fille n'est point guérie.

cavité où elle a pénétré ; tandis qu'il doit le repousser, s'il veut l'y introduire.

Pour que rien ne manquât à la certitude de cette explication donnée aux singuliers résultats obtenus dans l'établissement de *Morley*, M. *Ferdinand Martin*, orthopédiste distingué de Paris, à qui j'en avais fait part, eut l'occasion de la soumettre immédiatement au contrôle de l'expérience ; il donnait des soins à une demoiselle qui était affectée d'une double luxation congénitale des fémurs. L'ayant fait placer sur un plan horizontal, il fléchit la cuisse sur le bassin, la porta dans une forte adduction, et, pressant sur l'extrémité supérieure du fémur, d'avant en arrière et de haut en bas, il la fit pénétrer avec un bruit sensible dans le sinus de l'échancrure sacro-sciatique. Le membre parut alors plus long que l'autre d'environ un pouce. La même manœuvre ayant été répétée de l'autre côté, les malléoles se placèrent sur une même ligne perpendiculaire à l'axe du corps. Dans la station debout, la taille parut sensiblement plus élevée ; quelques mouvements de progression ramenèrent les fémurs dans leur situation primitive ; mais il fut facile, dans une seconde épreuve exécutée sous mes yeux, de reproduire la succession des phénomènes que M. Martin avait d'abord observés seul.

Les recherches dont je viens de présenter les résultats à la Société avec autant de concision qu'il m'a été possible, nous permettent maintenant de porter une analyse plus sûre dans l'examen du travail de M. Humbert ; elles nous serviront à déterminer la véritable nature de certains faits étrangers à sa pratique, et dont il s'est fait un double argument pour autoriser d'une part la hardiesse de ses premières tentatives de réduction des luxations spontanées, et pour établir, de l'autre, par une induction *à priori*, la réalité du succès dont il prétend qu'elles ont été couronnées.

Après une introduction destinée à exposer le plan de leur ouvrage dont les parties sont coordonnées avec beaucoup de méthode, les auteurs présentent une description assez complète des divers éléments qui composent l'articulation coxo-fémorale et des muscles qui unissent le membre inférieur au bassin ; ils analysent le rôle que chacun de ces muscles joue dans les mouvements variés imprimés à la cuisse, et ils examinent les divers genres de déplacement qui peuvent s'opérer entre les parties réciproques de l'articulation. Ils auraient dû distinguer avec plus de soin les symptômes que ces luxations présentent, selon qu'elles sont produites par un choc subit ou qu'elles arrivent lentement à la suite d'une maladie chronique de la hanche ou par un arrêt de développement du cotyle ; l'influence de l'action musculaire sur la direction du membre ou sur la liberté des mouvements est, en effet, assez différente dans ces cas. La description des phénomènes qui accompagnent la luxation ischiatique laisse en particulier beaucoup à désirer, et manque d'exactitude en plusieurs points ; ainsi il n'est point conforme à l'observation anatomique de dire que le trochanter est alors plus éloigné de la crête iliaque, il s'en rapproche au contraire sensiblement.

Le second chapitre est consacré à l'exposition des recherches historiques auxquelles l'un des auteurs s'est livré sur les maladies de la hanche ; on y trouve mentionné avec des détails suffisants tout ce que Hippocrate, Galien, Asclépiade de Bythinie, Albucasis, Avicennes, dans les temps anciens, et plus récemment, Ambroise Paré, Jean-Louis Petit, Auran, Sabatier, Boyer, MM. Larrey, Roux, Brodie, Albert, Rust ont écrit à ce sujet. De la comparai-

son des divers systèmes présentés par ces auteurs sur l'étiologie des luxations spontanées du fémur, il est facile de
conclure qu'elle n'est pas aussi simple que chacun d'eux
l'a supposé ; ainsi il paraît incontestable que l'*exarticula-
tion* peut être produite également par la destruction du
rebord cotyloïdien, l'hypertrophie morbide de la tête de
l'os, l'engorgement des parties molles contenues dans l'article, ou enfin par une véritable hydartrose. Cette dernière
affection est sans contredit la moins grave, et c'est en
l'admettant qu'on peut s'expliquer la rapidité de l'amélioration produite dans quelques cas par l'application du cau-
tère transcurrent ou des vésicatoires, qui a fait disparaître
ou diminué l'élongation du membre malade ; elle seule
aussi nous permettrait de partager l'opinion de MM. Humbert et Jacquier sur la curabilité de certaines luxations
spontanées du fémur ; mais nous verrons bientôt qu'ils ne
pensent pas qu'un épanchement de synovie puisse chasser
la tête de l'os de sa cavité.

En résumant les opinions et les faits consignés dans les
écrits nombreux qui ont trait aux maladies de la hanche,
on voit qu'ils laissent bien peu de probabilité de succès
aux tentatives qui seraient faites pour réduire les luxations
anciennes symptomatiques ; car les dissections cadavéri-
ques ont presque toujours montré les altérations les plus
graves, soit de la tête du fémur, soit de la cavité destinée
à la recevoir. MM. Humbert et Jacquier, préoccupés des
résultats, avantageux sous certains rapports qu'ils ont
obtenus, et s'abusant sur leur caractère, ont cherché, il
est vrai, à restreindre les conclusions auxquelles la connaissance de l'histoire de cette partie de l'art conduit né-
cessairement. Ils ont rapporté dans ce but quelques observations qui leur ont paru renfermer la preuve que des
luxations spontanées avaient été réduites après un laps de

temps très long. Malheureusement , lorsqu'on analyse ces faits avec soin et sans prévention , on trouve qu'ils sont bien loin de constituer des guérisons , telles que les deux auteurs les conçoivent. En effet , chez la malade traitée par *Cabanis de Genève* , on ne trouve aucun signe certain que la luxation eût été réellement réduite. On reconnaît , il est vrai , une amélioration dans son état ; mais la claudication persiste. Si elle a diminué sensible- ment, nous avons aujourd'hui l'explication de l'espèce d'amendement obtenu, et nous pouvons dire qu'il était dû à une situation plus favorable , donnée à la tête du fémur qui restait néanmoins hors de sa cavité natu- relle (1).

(1) Il est une autre explication de cette sorte d'amendement qu'une cir- constance fortuite est venue me présenter récemment.

Tous les pathologistes ont observé qu'assez souvent, à la suite des luxa- tions spontanées du fémur, le bassin se relevait très sensiblement du côté malade. Cette déviation, qui entre pour beaucoup dans l'apparence d'inégalité que présentent les membres inférieurs , augmente singulièrement la clau- dication ; elle peut même à elle seule la déterminer ainsi que je l'ai vu chez un jeune homme , affecté d'une courbure unique de l'épine, située vers la région lombaire. En effet, si dans le décubitus sur un plan horizontal , la crête illiaque paraît se rapprocher de la partie inférieure de l'épine considérée comme fixe, il en est autrement dans la station debout ; c'est alors au contraire l'épine qui est entraînée par le bassin , et la verticale qui passe par le centre de gravité du corps s'éloigne d'autant plus de la base de sustentation , que les muscles qui vont du torse au rebord supérieur de l'iléon ont été plus rétractés. De ce déplacement de la ligne suivant la- quelle est dirigée la résultante des forces de la pesanteur, il suit que l'é- quilibre devient très peu stable durant la progression, et que la chûte serait imminente, lorsque le sujet s'appuie sur le membre malade, si, par un effort violent, il ne reportait brusquement le poids du corps vers le côté opposé. Ces oscillations, dont l'étendue varie suivant les conditions in- diquées plus haut , constituent une partie des difficultés et de l'irrégularité de la marche chez les personnes qui boîtent à la suite d'une luxation symp-

La seconde observation empruntée à *Morand* est encore moins probante ; il s'agit d'une luxation spontanée du fémur, en bas et en avant, qui se produit et disparaît, dit-on, à différentes reprises : l'examen des symptômes de cette affection ne peut laisser aucun doute sur la méprise dans laquelle l'observateur est tombé. En rapportant que l'élongation du membre , dans ces prétendus déplacements, a varié de 2 à 4 pouces , il nous éclaire sur l'erreur de son diagnostic et nous reconnaissons qu'une inclinaison du bassin , variable , suivant l'intensité des douleurs , lui a fait illusion sur la véritable situation relative des parties. La tête du fémur était , sans doute , repoussée de la cavité cotyloïde par un épanchement de synovie ou par la tuméfaction des parties molles ; mais elle n'avait pas encore franchi ses limites.

Dans le troisième fait qui appartient à M. Salmade , la

tomatique ; il est dès lors manifeste qu'en abaissant le bassin par une traction continue et suffisamment prolongée, on doit diminuer sensiblement la claudication ; l'exemple suivant vient à l'appui de cette assertion :

Un jeune sujet avait été présenté à une commission de la Société de médecine de Lyon par un orthopédiste de cette ville , comme guéri d'une luxation symptomatique ancienne ; il boîtait beaucoup moins qu'avant le traitement ; l'inégalité apparente des deux membres, qui était d'abord de 2 pouces 4 lignes, avait été réduite à 1 pouce 5 lignes. Un praticien très distingué concluait de là , que la tête du fémur avait été ramenée dans la cavité cotyloïde, ou s'en était du moins très rapprochée. Une mensuration exacte a bientôt dissipé cette erreur. En effet, la commission a reconnu que la différence des distances respectives des épines antérieures et supérieures de l'iléon aux malléoles externes correspondantes était précisément de 2 pouces 4 lignes ; c'est-à-dire, que la tête articulaire ne s'était pas déplacée d'une seule ligne , et que le bassin seulement avait été abaissé d'environ 1 pouce.

Ainsi s'est évanoui le merveilleux d'une cure qui offre la plus grande analogie avec quelques-unes de celles proclamées par M. Humbert.

luxation n'est pas douteuse, mais la réduction n'est pas plus avérée que dans les précédents. La maladie scrophuleuse, traitée par des moyens convenables, cède aux efforts de l'art ; des tractions ménagées sur le membre ramènent son extrémité supérieure dans le voisinage de l'acetabulum, mais ne l'y font pas pénétrer ; la claudication, suite du raccourcissement, persiste. Le rédacteur du *Journal général de Médecine*, qui a donné l'analyse de cette observation, me semble l'avoir parfaitement appréciée en assimilant le cas qui en est le sujet à ces exemples de luxation spontanée, d'origine scrophuleuse, dont le traitement a été heureux, non parce qu'on a réduit la tête du fémur, mais seulement parce qu'on a maintenu ou ramené cette tête le plus près possible de la cavité cotyloïde, ou dans la situation la plus favorable aux usages du membre. Ma conviction sur ce point est d'autant plus formelle, que j'ai rencontré récemment un fait presque entièrement semblable à celui qui a été rapporté par M. Salmade. Un de nos honorables collègues, M. le docteur Morel m'adressa, il y a quelques mois, une jeune fille de douze à treize ans, à laquelle il avait donné des soins dans une maladie de la hanche suivie de luxation, pour avoir mon avis sur la possibilité de ramener la tête du fémur dans la cavité d'où elle était sortie depuis plusieurs années. J'appris qu'outre les moyens ordinaires employés en pareil cas pour attaquer l'affection dans son principe, notre habile confrère avait soumis le membre à une traction continue et modérée ; tel avait été le succès de ce système judicieux de traitement, qu'il était difficile de reconnaître le défaut de conformation qui existait encore dans la hanche ; la claudication était peu prononcée, et tous les mouvements, excepté celui d'abduction qui offrait un peu moins d'étendue du côté malade, jouissaient d'une entière liberté. L'extension continue employée en temps opportun avait certainement contenu ou ramené la tête du fémur dans une position voisine de la cavité cotyloïde où elle trouvait un appui solide.

Dans le troisième chapitre de leur ouvrage, MM. Humbert et Jacquier ont tracé l'histoire des causes, des symptômes et du traitement de la coxarthrocace; il serait oiseux de les suivre dans cette partie de leur travail où ils n'ont pu que répéter ce qui est connu de tous les praticiens; je ferai seulement observer qu'ils ont rejeté d'une manière trop absolue, à mon avis, l'opinion de Jean-Louis Petit sur l'étiologie des luxations spontanées. Ils admettent, à la vérité, que des épanchements plus ou moins considérables de synovie peuvent se faire dans l'intérieur de la capsule articulaire; mais ils nient que ces hydartroses soient capables de chasser la tête du fémur hors de la cavité cotyloïde (1). Les raisons géométriques sur lesquelles ils s'appuient sont absolument dénuées de fondement. La forme hémisphérique de la tête du fémur ne neutralise point, comme ils le prétendent, les pressions exercées de dedans en dehors par le liquide épanché; l'aire sur laquelle les puissances répulsives agissent perpendiculairement est au moins égale à la projection de la courbe d'insertion de la capsule articulaire au col fémoral.

L'exposition de la méthode de traitement dont M. Humbert revendique la priorité fait le sujet du quatrième chapitre de son ouvrage. Après avoir cherché à établir que nul avant lui n'était parvenu, ou n'avait même songé à réduire les

_____

(1) Quelques faits dont l'observation est due à M. le professeur Cloquet contredisent positivement cette opinion.

luxations symptomatiques anciennes (assertion qui semble contradictoire avec quelques-unes des observations qu'il a rapportées, puisqu'il ajoute foi au succès des tentatives de Cabanis) il présente la série des idées successives et des raisonnements qui l'ont conduit à essayer ce qu'une pratique plus hardie pouvait contre une infirmité regardée jusqu'ici comme incurable. La partie spéculative de ce travail est rédigée avec beaucoup d'art et de talent : on y trouve déduites d'une manière très plausible les raisons sur lesquelles les deux auteurs s'appuient, pour rejeter l'opinion trop absolue de l'irréductibilité des luxations spontanées anciennes; mais les faits qu'ils présentent comme confirmatifs d'un pronostic moins désespérant, sont loin d'offrir les conditions qui peuvent satisfaire un esprit sévère et dégagé de toute prévention.

Si l'on discute, en effet, les sept observations qu'ils considèrent comme offrant des exemples de réduction de luxations spontanées anciennes, obtenues par la méthode de M. Humbert, on trouve que ces résultats, satisfaisants à quelques égards, ne constituent cependant point des guérisons qui diffèrent essentiellement de celles que l'on a constatées dans des cas semblables, et que les seuls efforts de la nature ou les moyens ordinaires de l'art avaient produites. Toujours une claudication plus ou moins prononcée persiste après le traitement. L'argument le plus péremptoire que l'auteur puisse apporter pour démontrer qu'il a réellement ramené la tête du fémur dans la cavité cotyloïde, c'est qu'il a entendu un bruit plus ou moins sensible, au moment où cette tête prenait une situation fixe qui rapprochait les membres inférieurs de leur égalité naturelle; or, cet argument est maintenant pour nous sans valeur depuis que l'expérience nous a prouvé, d'une part, que M. Humbert s'était mépris dans des cas où il affirmait avoir réduit, et de l'autre, combien il est facile, par une manœuvre semblable à celle que ce médecin a décrite, de faire glisser la tête du fémur dans l'échancrure sacro-sciatique où elle tombe avec bruit (1).

En résumé, les assertions de M. Humbert, si on les juge *à priori*, supposent deux choses également invraisemblables, savoir : que des déplacements, qui dataient de plusieurs années et qui avaient été par conséquent suivis de rétraction musculaire, ont pu être réduits en quelques minutes et presqu'à l'insu des sujets ; en second lieu, que le hasard lui a constamment présenté des luxations exemptes de ces altérations organiques profondes que les anatomopathologistes ont presque toujours signalées à la suite de la coxarthrocace. Si c'est à l'observation que M. Humbert en appelle, elle n'est pas plus favorable que le raisonnement à ses prétentions que je crois, d'ailleurs, énoncées avec une bonne foi complète et une conviction sincère.

Tout ce que je viens de dire des opinions de MM. Humbert et Jacquier en ce qui concerne les luxations symptomatiques d'une affection de la hanche s'applique avec une évidence encore plus grande à la théorie qu'ils ont présentée sur les luxations congénitales et sur les résultats de la méthode de traitement adoptée par M. Humbert. Ils ont eu le grand mérite de ne pas admettre, sans examen, de pretendues impossibilités qui ne se fondaient que sur des faits mal

---

(1) M. Humbert n'a rapporté qu'un seul cas de réduction de luxation spontanée où il ait senti la tête du fémur pénétrer dans une cavité ; je ne pense pas, en effet, que la possibilité de l'espèce de transformation signalée à l'occasion des luxations originelles se présente très fréquemment à la suite des maladies de la hanche. Les adhérences contractées par la capsule enflammée avec les parties situées hors du cotyle doivent y apporter souvent, quoi qu'en dise M. Humbert, un obstacle invincible.

appréciés et qui avaient circonscrit dans des limites trop resserrées les tentatives de l'art. On leur doit d'avoir démontré, par le raisonnement et par l'observation anatomique, que les arrêts de développement qui intéressent les parties réciproques de l'articulation ilio-fémorale ne sont pas toujours portés au point d'exclure une coaptation plus ou moins satisfaisante ; mais ici, comme à l'égard de la curabilité des luxations spontanées, ils sont tombés dans l'erreur sur l'appui que les résultats de leur pratique pouvaient prêter à leurs idées spéculatives. Les cinq observations relatives à des cas de luxations congénitales, contenues dans l'ouvrage de M. Humbert, ne prouvent pas mieux que celles dont j'ai parlé plus haut que de véritables réductions aient été obtenues par la méthode extemporanée dont il proclame l'efficacité ; on ne peut y voir que des transformations heureuses d'une infirmité souvent très pénible en une infirmité moins grave.

La description des appareils mécaniques inventés par M. Humbert pour le traitement des luxations anciennes termine l'ouvrage qu'il a publié de concert avec M. Jacquier. Je me dispenserai, Messieurs, de vous en présenter une analyse, même succincte, de peur de fatiguer inutilement votre attention. J'ai déjà fait observer dans un autre travail combien la complication de ces machines devrait en rendre l'application difficile à tout autre qu'à l'inventeur, et je croyais alors qu'elles avaient réellement servi à atteindre le but que M. Humbert se proposait ; aujourd'hui que le contraire m'est démontré, je ne puis que reproduire avec plus de force mon opinion sur ce luxe stérile de moyens dynamiques dirigés vers une indication très simple, et qu'il est facile de remplir sans ce déploiement de cordes, de poulies, de leviers dont un atlas de plusieurs planches suffit à peine à donner une idée incomplète.

Après avoir fait, Messieurs, une part nécessaire à la critique, il me reste le devoir de signaler les services éminents que l'ouvrage des MM. Humbert et Jacquier a rendus à l'art et à l'humanité. Les idées nouvelles qu'il renferme, les résultats qui s'y trouvent consignés n'ont pas, sans doute, toute la portée que leur attribuent les deux auteurs ; mais ils n'en auront pas moins contribué à étendre le champ de la pratique. L'initiative hardie qu'ils ont prise dans le traitement des luxations anciennes, si elle n'a pas été couronnée entre leurs mains d'un succès complet, n'est pas restée cependant stérile ; elle a ouvert la voie à des expériences plus heureuses, et c'est à elle, Messieurs, que nous devons d'avoir vu naguère deux exemples de luxations congénitales incontestablement réduites. L'erreur même où M. Humbert est tombé a enrichi l'art orthopédique d'une conquête précieuse. En effet, quelque disposé que l'on puisse être à admettre les restrictions qu'il a apportées à l'opinion peut-être trop absolue des auteurs sur l'incurabilité des luxations spontanées, cependant on ne saurait nier que, dans la grande majorité des cas, l'altération des surfaces articulaires laissera peu de chances de succès pour une véritable réduction ; or, dans ces circonstances défavorables, il restera toujours au médecin la ressource d'essayer de porter la tête du fémur dans un point de la périphérie du bassin où elle trouvera un appui plus solide, et où les efforts de la nature rencontreront des conditions plus propices à la formation d'une cavité articulaire artificielle. Il ne faut pas croire que cet avantage soit d'une médiocre importance ; la position que la tête du fémur occupe sur la face externe de l'iléon fait varier singulièrement l'étendue de la claudication qui succède aux luxations non réduites ; si cette tête est soutenue par le petit fessier, ou si elle s'engage au-dessous du muscle pyramidal, son ascension pendant la marche est beaucoup moins prononcée, que lorsque glissant sous le bord postérieur du moyen fessier, elle vient se placer au-dessous des insertions du muscle sacro-fémoral; et par suite les influxions que cette ascension détermine dans les vaisseaux fémoraux ne se faisant pas sous des angles aussi aigus, le cours du sang est moins ralenti, et l'atrophie devient moins considérable.

L'opération que M. Humbert a faite à son insu, et qui consiste, ainsi que je l'ai dit, à substituer à la luxation en haut et en dehors la luxation en bas et en arrière, est donc une très heureuse découverte dont l'application pourra être tentée à la suite de quelques maladies de la hanche. Elle trouvera surtout son utilité dans les cas, peut-être plus fréquents que ne l'a pensé M. Humbert, où l'arrêt de développement de l'acetabulum ne permet pas d'y fixer d'une manière solide la tête de fémur (1).

---

(1) Dans sa réponse à M. Joffre, M. Humbert s'appuie, pour maintenir ses prétentions, sur le suffrage de l'Académie des sciences. Ce corps savant lui a décerné, en effet, une somme de trois mille francs que je considère comme bien et justement méritée, en tant qu'elle est la récompense d'essais qui n'ont pas été sans avantage, ainsi que je l'ai reconnu hautement; mais je nie que l'Académie ait compromis son infaillibilité en déclarant que M. Humbert avait effectivement réduit des luxations anciennes. Ses commissaires ont vu d'heureux résultats du mode de traitement qu'il emploie; mais ils ne précisent rien sur le caractère anatomique de ces résultats : leur jugement n'est donc point contradictoire avec celui que j'ai porté d'après des données comparatives infiniment plus complètes que celles dont ils étaient en possession.

M. Humbert n'est pas heureux dans les exemples qu'il choisit pour démontrer les succès de sa pratique; car Mlle C..... n'est pas mieux guérie que Mlle *** et Mlle L....., et il est très mal avisé lorsqu'il invoque, en témoignage de ses cures, les noms de MM. Breschet et Bérard. J'ose lui déclarer qu'en faisant dire à ces savants professeurs ce qui est loin de leur

Je terminerai, Messieurs, ce rapport dont les développements sont suffisamment justifiés par l'importance du sujet,

conviction, il s'est exposé au démenti le plus formel. Les déceptions multipliées qui ont accompagné ses promesses, les faits contradictoires qui ont renversé ses assertions les plus positives, devaient jeter dans les esprits la plus grande défiance sur le résultat des tentatives qui seraient faites dans le même sens par d'autres chirurgiens. C'est ainsi que la possibilité de réduire les luxations originelles du fémur a été rejetée récemment comme une supposition absurde dans un acte public de la Faculté de médecine de Paris, et que M. Bouvier, dans la polémique qui s'est élevée entre nous, a pu se faire un argument puissant de l'insuccès formel de M. Humbert dans des cas où il prétendait avoir réussi. Ce n'est donc pas seulement à Lyon que ses méprises ont été constatées, mais encore *aux lieux mêmes où résidaient*, comme il le dit, *et les juges et les sujets jugés*.

On voit qu'avant de faire proclamer son droit de priorité, M. Humbert aura d'abord à établir devant l'Académie royale de médecine, qu'il a réellement opéré des réductions de luxations anciennes; car il n'est personne dans cette compagnie savante, sans excepter les premiers juges de M. Humbert, qui osât aujourd'hui venir déclarer à ses collègues qu'il a une opinion affirmative sur ce point. La question n'est donc pas aussi avancée que le pense M. Humbert; mais l'occasion ne saurait être plus favorable pour la décider. Je suis encore en instance pour faire admettre par l'Académie les résultats que j'ai annoncés comme des exemples de véritable réduction; que M. Humbert présente de son côté un seul des sujets qu'il prétend avoir guéris, avec les documents authentiques qui attestent son état antérieur et la date de l'opération : un même jugement pourra dès-lors prononcer sur le point de fait, qui seul intéresse la science, et subsidiairement sur le droit de priorité contesté entre M. Humbert et moi.

En attendant l'ouverture de ces débats, si toutefois M. Humbert ose les affronter, ce dont je doute fort, on peut se demander pourquoi, au lieu d'adresser ses réclamations aux journaux de médecine qui avaient inséré les articles de M. *Joffre*, de M. *Rendu* et de M. *Bouvier*, il a attendu six mois pour produire, dans un libelle clandestin, sa fable si *ingénieuse* d'un complot ourdi contre lui? N'est-ce point que la discussion l'effraye, et qu'il lui est plus facile d'insulter grossièrement ses contradicteurs que de leur répondre? Mais il espère vainement donner le change à l'opinion des méde-

en vous proposant d'adresser des remercîments à MM. Humbert et Jacquier, et de leur exprimer toute l'estime de la Société de médecine de Lyon pour un travail qui a imprimé à l'orthopédie le progrès le plus remarquable que cette branche de l'art ait fait depuis long-temps.

cins ; entre lui et moi ils pèseront les raisons, laissant à qui il appartient la honte des injures et des calomnies.

P. S. Pour être fidèle de mon côté à cette justice distributive que M. Humbert veut bien me promettre, je dois déclarer que les observations qui précèdent n'ont rien d'applicable à son honorable collaborateur, M. le docteur Jacquier. En revêtant d'une forme scientifique l'exposition des découvertes de M. Humbert, il n'a pas entendu, sans doute, prendre la responsabilité de toutes ses assertions, et je présume trop bien de l'urbanité et de l'esprit d'un écrivain aussi élégant pour lui imputer la moindre part dans la diatribe de mauvais goût qui m'a été adressée de *Morley*.

www.ingramcontent.com/pod-product-compliance
Lightning Source LLC
Chambersburg PA
CBHW051407060726
47596CB00005B/2118